Piri-Piri

Die besten Chili-Rezepte

Nützliche Tipps bei Halsschmerzen

Regelmäßig lüften

Um die mit Viren und Bakterien belastete Luft auszutauschen, für einige Minuten die Fenster weit öffnen. Fenster nicht längere Zeit kippen, um Zugluft zu vermeiden und Heizkosten zu sparen!

Fenster im Winter nachts schließen

Kalte Luft ist trocken und reizt die Atemwegsschleimhäute zusätzlich. Das kann die Beschwerden verschlimmern und die Heilung verlangsamen.

Warmer Tee

Viel warmen, aber nicht heißen Tee trinken, z. B. Salbeitee.

Rauch und Alkohol vermeiden

Auch Rauch und Alkohol strapazieren die Schleimhäute sehr. Bei Halsschmerzen sollte man daher versuchen, Rauch aus dem Weg zu gehen und auf Alkohol bis zur Gesundung zu verzichten.

Setzen Sie auf Vitamine

Essen Sie fünfmal am Tag vitaminreiche Kost – drei Portionen Gemüse und zwei Portionen Obst. Lassen Sie sich von den Rezepten in diesem Buch inspirieren.

www.komet-verlag.de
Covermotiv: © Stockfood / Raffetto
Gesamtherstellung: KOMET Verlag GmbH, Köln

» Mit dem Wirkstoff Capsaicin aus der Arzneipaprika!«
schon für Kinder ab 1 Jahr
Wir empfehlen:
Tonsipret®-
Das Halsmedikament
• hemmt den Schmerz
• beruhigt den Hals
• wirkt rein pflanzlich
Bionorica®
Tonsipret®
Tabletten
Homöopathisches Arzneimittel bei entzündlichen Erkrankungen des Rachens
50 [N1] Tabletten zum Einnehmen
Bionorica®
Tonsipret®
Tropfen
Homöopathisches Arzneimittel bei entzündlichen Erkrankungen des Rachens
50 ml [N1] Tropfen zum Einnehmen

Liebe Köchinnen und Köche,

ob als frische Schote, als Pulver oder als feurige Sauce – die Paprika hat ihren festen Platz auf unserem Esstisch. Dieses Kochbuch ist speziell der kleinen, scharfen Variante aus der Gattung „Capsicum" gewidmet – und wird mit Sicherheit für die eine oder andere Schweißperle in Ihrer Küche sorgen.

Doch das Gemüse besticht nicht nur kulinarisch, sondern auch mit medizinischen Qualitäten. Schon die amerikanischen Ureinwohner wussten um die heilenden Effekte der bunten Schoten. Heute findet man den **Wirkstoff der Arzneipaprika in Tonsipret® – der einzigen pflanzlichen Halsschmerztablette**.

Genießen Sie „feurige" Stunden beim Ausprobieren der folgenden Rezepte.

Jede Menge Kochvergnügen und Gesundheit wünscht Ihnen
Ihre Apotheke

Inhalt

Einleitung

So mancher Urlauber bringt es sich gerne als Souvenir mit: Piri-Piri oder auch Peri-Peri oder Peli-Peli.
Dieser Urlauber war wahrscheinlich in Portugal und hat ein Glas mit einer rötlichen Sauce im Gepäck, die höllisch scharf ist und manchem Mitteleuropäer nach dem Genuss die Tränen in die Augen treibt.
Piri-Piri ist jedoch eigentlich keine Sauce oder Gewürzmischung. Es handelt sich dabei um eine scharfe Chilischote, die ihre Ursprünge in der neuen Welt hat und die die portugiesischen Eroberer als Teil ihrer kulinarischen Beute mit ins alte Europa brachten. Dort wurde sie mit Begeisterung aufgenommen und großflächig angebaut. Mittlerweile hat fast jeder Portugiese eine Piri-Piri-Schote auf seinem Balkon oder der Terrasse wachsen.
Die Seefahrernation Portugal sorgte auch dafür, dass die Pflanze in ihren Kolonien in Asien und Afrika angebaut wurde, und so wundert es kaum, dass Piri-Piri auch in asiatischen und afrikanischen Rezepten Verwendung findet.
Nach dem Ende der Diktatur Salazars in Portugal mit der Nelkenrevolution im Jahre 1974 wurde das westlichste Land Europas schnell zu einem beliebten Touristenziel. Die portugiesische Küche fand nun auch im nördlichen Europa ihre Anhänger und damit auch eine der wichtigsten Zutaten: Piri-Piri. Hier finden Sie sowohl Rezepte mit frischen, getrockneten und gemahlenen Piri-Piris als auch mit Piri-Piri-Sauce.
Tonsipret® wünscht feurigen Appetit!

Piri-Piri-Sauce

Zutaten für ca. 100 ml

1 rote Paprikaschote, 5 frische rote Chilischoten, Saft von 1 1/2 Zitronen, 1/2 EL Rotweinessig, 2 EL Olivenöl, Salz

Paprikaschote putzen, waschen und die Kerne entfernen. Die Paprika in Streifen schneiden. Die Chilischoten putzen, entkernen und in dünne Ringe schneiden. Paprikastreifen und Chiliringe in einem Topf erhitzen, den Zitronensaft unterrühren und die Mischung etwa 15 Minuten garen. Dann den Essig dazugeben. Gemüse im Mixer pürieren, das Öl einfließen lassen, bis eine dicke Paste entstanden ist. Mit Salz würzen. Als Zutat zu Cremes und Dips verwenden. Piri-Piri-Sauce in Gläsern verschlossen aufbewahren.

Zubereitungszeit

20 Minuten (plus Garzeit)
100 ml: ca. 102 kcal/428 kJ
2 g E · 6 g F · 8 g KH

Kürbis-Kokos-Suppe

Gemüsesuppe

Feurige Bohnensuppe

Frische Tomatensuppe mit Avocado

Kürbis-Kokos-Suppe

10

Für 4 Portionen
500 g Kürbisfleisch
1/2 Stangensellerie
1 Piri-Piri-Schote
2 EL Öl
1 Prise Zucker
600 ml Gemüsebrühe
200 ml Kokosmilch
Salz
2 Frühlingszwiebeln
1/2 Bund Koriander
50 g ungeröstete Erdnüsse

Das Kürbisfleisch schälen und in Würfel schneiden. Den Stangensellerie putzen, waschen und ebenfalls würfeln. Die Chili putzen, waschen, entkernen und fein hacken. Das Öl in einem Topf erhitzen. Kürbis und Sellerie mit Chili im heißen Öl unter Rühren andünsten. Den Zucker unterrühren.
Die Brühe angießen und etwa 15 Minuten köcheln. Anschließend die Kokosmilch zugießen, die Suppe abschmecken und weitere 5 Minuten köcheln.
Inzwischen die Frühlingszwiebeln putzen, waschen und in feine Ringe schneiden. Den Koriander waschen, trockenschütteln und hacken. Die Erdnüsse ebenfalls fein hacken. Die Suppe vom Herd nehmen und die Erdnüsse einrühren. Auf vier Schalen verteilen und mit Frühlingszwiebeln und Koriander bestreut servieren.

Zubereitungszeit 25 Minuten
(plus Dünst- und Kochzeit)
Pro Portion ca. 157 kcal/659 kJ
5 g E · 9 g F · 12 g KH

Gemüsesuppe

12

Für 4 Portionen

1 Zwiebel
2 Knoblauchzehen
5 cm frische Ingwerwurzel
1 Piri-Piri-Schote
1 TL Salz
1 EL Sesamöl
1 l Gemüsebrühe
2 Möhren
200 g Brokkoli
2 Tomaten
100 g Erbsen
1/2 Bund Koriander

Zubereitungszeit 30 Minuten
(plus Garzeit)
Pro Portion ca. 122 kcal/512 kJ
5 g E · 5 g F · 11 g KH

Die Zwiebel, den Knoblauch und den Ingwer schälen und alles sehr fein hacken. Die Chilischote putzen, waschen, entkernen und zerkleinern. Knoblauch, Ingwer und Chili mit Salz in einer Schüssel mit dem Mörser zerstoßen.

Das Öl in einem Topf erhitzen und die Zwiebeln mit der Würzpaste darin kurz unter Rühren anbraten. Die Brühe angießen und allmählich zum Kochen bringen.

Das Gemüse waschen. Die Möhren abschaben und würfeln. Den Brokkoli in Röschen teilen. Die Tomaten heiß abbrühen und schälen. Die Kerne und Stielansätze entfernen und das Fruchtfleisch achteln. Den Koriander waschen, trockenschütteln und hacken.

Das Gemüse nacheinander in die Brühe geben: zuerst die Möhren, dann nach 4 Minuten die Erbsen, nach 6 Minuten die Tomaten hinzufügen. Nach etwa 8 Minuten Kochzeit die Suppe vom Herd nehmen und mit Salz und Pfeffer abschmecken. Mit Koriander bestreut servieren.

Feurige Bohnensuppe

14

Für 4 Portionen

250 g getrocknete, schwarze Bohnen
1 Zwiebel
1 Knoblauchzehe
1/2 Staudensellerie
2 Möhren
1/2 Piri-Piri-Schote
250 g geräucherter Bauchspeck
1/2 EL gemahlener Kreuzkümmel
1/2 TL Kardamom
1 TL Chilipulver
175 ml Weißwein
750 ml Gemüsebrühe
Salz
Pfeffer
Sherryessig
ca. 2 EL Orangensaft

Die Bohnen über Nacht in reichlich Wasser einweichen. Dann abgießen und abspülen. Die Zwiebel und den Knoblauch schälen und fein hacken. Den Staudensellerie putzen, waschen und klein schneiden. Die Möhren schälen und in Scheiben schneiden, die Piri-Piri-Schote putzen, waschen und fein hacken.

Den Bauchspeck in Würfel schneiden und in einer Pfanne ausbraten. Dann herausnehmen und auf Küchenpapier abtropfen lassen. Im Speckfett die Zwiebel und den Knoblauch andünsten, dann das übrige Gemüse und die Piri-Piri-Schote zugeben und etwa 5 Minuten mitdünsten.

Die Gewürze einrühren, den Wein angießen und etwas einkochen lassen. Dann die Bohnen und die Brühe hinzufügen, aufkochen und abgedeckt etwa 1 Stunde 30 Minuten garen. Den Schaum abschöpfen. Die Suppe mit Sherryessig und Orangensaft abschmecken.

Zubereitungszeit 30 Minuten
(plus Einweich-, Schmor- und Garzeit)
Pro Portion ca. 176 kcal/739 kJ
14 g E · 6 g F · 8 g KH

Frische Tomatensuppe mit Avocado

16

Für 4 Portionen

2 rote Zwiebeln
1 Knoblauchzehe
1/2 frische Piri-Piri-Schote
850 g Tomaten
2 EL Olivenöl
1 TL Zucker
375 ml Gemüsebrühe
Salz, Pfeffer
1 reife Avocado

Zubereitungszeit ca. 30 Minuten
(plus Garzeit)
Pro Portion ca. 191 kcal/802 kJ
3 g E · 16 g F · 7 g KH

Die Zwiebeln und den Knoblauch schälen und fein hacken. Die Piri-Piri-Schote putzen, waschen, entkernen und in dünne Ringe schneiden. Die Tomaten waschen, von den Stielansätzen befreien und in Würfel schneiden.

Das Olivenöl in einer Pfanne erhitzen und die Zwiebeln mit dem Knoblauch darin unter Rühren anschwitzen. Nach etwa 10 Minuten die Chiliringe und den Zucker hinzufügen und mitschwitzen. Dann die Tomatenwürfel und die Brühe zugeben und gut verrühren. Die Suppe etwa 30 Minuten köcheln, bis die Tomaten weich sind. Den Topf vom Herd nehmen und abkühlen lassen. Dann die Suppe durch ein Sieb passieren und würzen.

Die Avocado schälen, halbieren, vom Stein befreien und das Fruchtfleisch in dünne Scheiben schneiden. Die Tomatensuppe warm oder kalt mit Avocadoscheiben dekoriert servieren. Dazu frisches Weißbrot reichen.

Hühnchen im Topf

Pollo in padella

Hühnchen & Co.

Breyani-Hühnchen

Huhn mit Cashewkernen

Hühnchen nach Art der Westalgarve

20

Für 4 Personen
1 Hühnchen
5 EL Olivenöl
Salz
1/2 TL Piri-Piri-Sauce
3 Zwiebeln
6 Tomaten
1 grüne Paprikaschote
3 Knoblauchzehen
1 Lorbeerblatt
100 ml Portwein
100 ml Weißwein

Zubereitungszeit 30 Minuten
(plus Ruhe- und Garzeit)
Pro Portion ca. 337 kcal/1415 kJ
32 g E · 17 g F · 7 g KH

Das Huhn in mehrere Teile schneiden. Olivenöl mit Salz und Piri-Piri-Sauce vermischen und die Hähnchenteile damit einstreichen. 30 Minuten ruhen lassen.
Den Backofen auf 180 °C (Umluft 160 °C) vorheizen.
Zwiebeln schälen und in Scheiben schneiden. Tomaten waschen, vom Stielansatz befreien und ebenfalls in Scheiben schneiden. Paprikaschote putzen, waschen und in Streifen schneiden. Knoblauch schälen und fein hacken.
In einen Bräter abwechselnd Hühnchenteile, Tomatenscheiben, Paprika und Knoblauch schichten, Lorbeerblatt hineingeben und mit den Zwiebelringen abschließen. Wein und Portwein darübergießen und das Ganze im Ofen ca. 30 Minuten garen.

Huhn mit Cashewkernen

22

Für 4 Portionen

1 Knoblauchzehe
450 g Hühnerbrust
3 EL Sonnenblumenöl
2 getrocknete Piri-Piri-Schoten
1/2 TL Zucker
1 EL Austernsauce
1 EL helle Sojasauce
3 EL Gemüsebrühe
50 g Cashewkerne
5 Stängel Zitronengras
2 Schalotten

Zubereitungszeit 20 Minuten (plus Schmor- und Garzeit)
Pro Portion ca. 198 kcal/830 kJ
29 g E · 7 g F · 5 g KH

Die Knoblauchzehe schälen und hacken. Das Hühnchenfleisch in Würfel schneiden. Das Öl in einer Pfanne erhitzen, zuerst die Piri-Piri-Schoten darin 2 Minuten schmoren, bis sie leicht gebräunt sind; herausnehmen und beiseite stellen. Den Knoblauch kurz schmoren, dann das Hühnerfleisch zugeben und unter Rühren von allen Seiten gut anbraten.

Zucker, Saucen und die Brühe zugeben und alles weiter schmoren, bis das Fleisch gar ist. Inzwischen die Cashewkerne in einer zweiten Pfanne rösten, bis sie duften. Das Zitronengras waschen, die äußeren Blätter entfernen und den unteren Teil der Stängel fein hacken. Die Schalotten schälen und achteln.

Cashewkerne, Zitronengras, Schalotten und Piri-Piris zum Fleisch geben und unterheben. Dabei dürfen die Piri-Piri-Schoten nicht kaputtgehen. Alles noch einmal aufkochen, dann servieren.

Mini-Sosaties mit Hähnchen-filet

24

Für 4 Portionen
3 Zitronen
150 ml Öl
5 Knoblauchzehen
2 Zwiebeln
1 Stück frischer Ingwer, ca. 4 cm
5 Piri-Piri-Schoten
500 g Hähnchenfilet
200 ml Kokosmilch
150 ml Sojasauce
8–12 kleine Holzspieße

Zubereitungszeit 20 Minuten
(plus Marinier- und Grillzeit)
Pro Portion ca. 222 kcal/932 kJ
27 g E · 5 g F · 14 g KH

Für die Marinade die Zitronen auspressen und den Saft in eine Schüssel geben. Das Öl darunter schlagen. Den Knoblauch und die Zwiebeln schälen und fein gehackt dazugeben. Den Ingwer ebenfalls schälen, in feine Streifen schneiden und dazugeben. Die Piri-Piris putzen, waschen und halbieren, den Stielansatz und die Kerne entfernen, Schoten fein hacken und ebenfalls dazugeben, alles verrühren.
Das Fleisch in dünne Streifen schneiden. Mit der Marinade gründlich vermischen und im Kühlschrank 30 Minuten marinieren lassen.
Herausnehmen und wellenförmig auf Holzspießchen stecken. Spieße grillen, bis das Hähnchenfleisch gar ist. Zwischendurch wenden und mit der Marinade beträufeln.
Die Kokosmilch mit der Sojasauce verrühren, dicklich einköcheln lassen und zu den Sosaties servieren.

Breyani-Hühnchen

26

Für 4 Portionen

1 großes Brathühnchen (ca. 2 kg)
Salz, Pfeffer
3 Zwiebeln
3 Knoblauchzehen
4–5 EL Öl
200 g Langkornreis
je 1 TL Pfefferkörner, Koriander und Kreuzkümmel
je 1 EL Kurkuma und Kardamom
1 Stück frischer Ingwer, ca. 2 cm
3 Anissterne
1 Zimtstange
2 getrocknete Piri-Piri-Schoten
500 ml Geflügelbrühe
150 g Kartoffeln
2 Fleischtomaten
300 g Natur-Joghurt
Saft von 1 Zitrone

Backofen auf 180 °C (Umluft 160 °C) vorheizen. Hühnchen in 10 Portionsteile zerlegen und mit Salz und Pfeffer einreiben.
Zwiebeln und Knoblauch schälen und klein hacken. In einem Bräter 2–3 EL Öl erhitzen, Reis mit Zwiebeln und Knoblauch darin glasig dünsten.
Gewürze dazugeben, die Brühe angießen und 5 Minuten köcheln lassen. Kartoffeln schälen, waschen und klein würfeln.
Kartoffeln zu der Gewürzmischung geben und 5 Minuten weiter köcheln lassen.
Restliches Öl in einer Pfanne erhitzen, Fleisch darin kurz anbraten und zur Reismischung dazugeben. Alles im vorgeheizten Backofen etwa 10 bis 15 Minuten schmoren.
Nicht umrühren, wenn notwendig etwas Brühe dazugießen.
Tomaten kreuzweise einritzen, Stielansätze entfernen und mit kochendem Wasser überbrühen.
Anschließend häuten und klein gewürfelt zum Hühnchen geben. Alles 10 Minuten weiter köcheln. Joghurt und Zitronensaft unterheben, 5 Minuten ziehen lassen.
Nicht mehr kochen lassen.

Zubereitungszeit 30 Minuten (plus Garzeit)
Pro Portion ca. 525 kcal/2205 kJ
37 g E · 18 g F · 51 g KH

Feurig-scharfe Hähnchenschenkel

28

Für 4 Portionen

12 Hähnchenunterkeulen
1 Stück frischer Ingwer, ca. 3 cm
Saft von 1 Zitrone
250 ml Piri-Piri-Sauce
2 getrocknete Piri-Piri-Schoten
2 TL brauner Zucker
2 EL Sojasauce
1 TL Kurkuma
1/2 TL frisch gemahlener schwarzer Pfeffer

Zubereitungszeit 10 Minuten
(plus Marinier- und Bratzeit)
Pro Portion ca. 383 kcal/1607 kJ
32 g E · 19 g F · 20 g KH

Hähnchenunterschenkel waschen, abtrocknen und in einen Gefrierbeutel geben. Ingwer schälen, fein reiben und mit dem Zitronensaft vermischen. Diese Mischung zu den Hähnchenunterschenkeln geben und damit vermischen; im Kühlschrank 30 Minuten ziehen lassen.
Inzwischen den Backofen auf 225 °C (Umluft 205 °C) vorheizen. Piri-Piri-Sauce mit zerriebenen Piri-Piri-Schoten, Zucker, Sojasauce, Kurkuma und Pfeffer vermischen.
Hähnchenunterschenkel in die Fettpfanne des Backofens legen und mit der Chilimischung bestreichen.
Im Backofen etwa 30 Minuten braten, zwischendurch wenden.

Pollo in padella

30

Für 4 Portionen
1 küchenfertiges Hähnchen (ca. 1,2 kg)
Salz
Pfeffer
300 g Tomaten
1 Zwiebel
5 EL Olivenöl
150 ml trockener Weißwein
1 getrocknete Piri-Piri-Schote
1 EL frisch gehackte Petersilie
1 EL frisch gehacktes Liebstöckel
1 EL frisch gehacktes Basilikum
50 g Provolone

Das Hähnchen salzen und pfeffern und in 8 Teile zerlegen. Die Tomaten heiß überbrühen, von Häuten, Stielansätzen und Kernen befreien und in Achtel schneiden. Die Zwiebel schälen und in Ringe schneiden.
Das Öl in einer Pfanne erhitzen und die Hähnchenteile darin von allen Seiten gut anbraten. Die Zwiebelringe zugeben und mitschmoren. Den Wein angießen, die Piri-Piri-Schote klein schneiden und unterheben. Die Mischung aufkochen und weiter köcheln, bis der Wein fast verkocht ist. Dann die Tomatenachtel und die Kräuter zugeben. Das Hähnchen abgedeckt etwa 1 Stunde bei mittlerer Temperatur schmoren. Nach etwa 40 Minuten Garzeit den Provolone würfeln und unterrühren. Die Hähnchenpfanne nach der Garzeit nochmals abschmecken und servieren.

Zubereitungszeit 30 Minuten
(plus Schmor- und Garzeit)
Pro Portion ca. 853 kcal/3581 kJ
43 g E · 57 g F · 12 g KH

Hühnchen im Topf

Für 4 Personen
1 Hühnchen (ca. 1,2 kg)
150 g roher oder gekochter Schinken in Scheiben
4 Tomaten
Salz
Pfeffer
2 TL Senf
10 kleine Zwiebeln (so klein wie möglich)
2 Knoblauchzehen
125 g Butter
350 ml Sherry Amontillado
50 ml Brandy
Rotwein nach Bedarf

Zubereitungszeit 30 Minuten (plus Bratzeit)
Pro Portion ca. 812 kcal/3410 kJ
39 g E · 68 g F · 7 g KH

Das Hühnchen innen und außen mit Salz und Pfeffer einreiben und mit dem Senf einstreichen. Den Schinken in einen Schmortopf legen. Das Hühnchen daraufsetzen. Den Backofen auf 200 °C (Umluft 180 °C) vorheizen. Die Tomaten von Stielansatz, Haut und Kernen befreien und hacken. Zwiebeln und Knoblauchzehen schälen, Zwiebeln ganz lassen, Knoblauch in Scheiben schneiden. Gemüse und Butterflocken zum Huhn geben, Sherry und Brandy angießen. Abgedeckt im Ofen etwa 1 Stunde 50 Minuten schmoren. Dann den Deckel abnehmen und das Huhn braun werden lassen. Nach Bedarf Rotwein angießen. Dazu passen Bratkartoffeln.

32

Samoesas

Fleisch

Chili con carne

Scharfes Lamm-Picadillo

Schweinefleisch in Kokossauce

36

Für 4 Portionen
750 g Schweinefilet
2 Schalotten
2 Knoblauchzehen
1 Piri-Piri-Schote
1 Stängel Zitronengras
4 EL Pflanzenöl
1 Prise Kurkuma
250 ml Fleischbrühe
4 EL Kokosmilch
1/2 Bund Koriander
2 EL gehackte Erdnüsse

Das Fleisch in dünne Streifen schneiden. Die Schalotten und den Knoblauch schälen und hacken. Die Piri-Piri-Schote putzen, waschen, entkernen und in dünne Ringe schneiden. Das Zitronengras schälen und in dünne Ringe schneiden, mit dem Messerrücken zerdrücken.

Das Öl in einer hohen Pfanne oder dem Wok erhitzen und den Knoblauch darin braten, bis er duftet. Nun Fleischstreifen, Schalotten, Piri-Piri, Zitronengras, Kurkuma und Brühe hinzufügen und unter Rühren braten; die Sauce etwas einkochen lassen.

Die Kokosmilch über die Mischung gießen und unterrühren. Den Koriander waschen, trockenschütteln und hacken. Das Gericht mit gehackten Erdnüssen und Koriander bestreut servieren.

Zubereitungszeit 30 Minuten
(plus Schmor- und Bratzeit)
Pro Portion ca. 280 kcal/1176 kJ
45 g E · 9 g F · 2 g KH

Chili con carne

Die Zwiebel und den Knoblauch schälen und fein hacken. Die Chilischoten putzen, waschen, von Kernen befreien und hacken. In einem großen Topf das Öl erhitzen und das Hackfleisch, die Zwiebel und den Knoblauch darin etwa 10 Minuten gut anbraten. Das Mehl darüberstäuben und unterrühren. Die Tomaten mit den Chilischoten und der Brühe hinzugeben und salzen. Die Mischung etwa 1 Stunde bei geringer Temperatur schmoren. 10 Minuten vor Ende der Garzeit die Bohnen miterhitzen. Mit Koriander, Kreuzkümmel, Salz und Pfeffer abschmecken.

Für 4 Portionen

1 Zwiebel
2 Knoblauchzehen
4 Piri-Piri-Schoten oder grüne Chilischoten
2 EL Öl
500 g Rinderhack
1 EL Mehl
800 g geschälte Tomaten (Dose)
100 ml Fleischbrühe
Salz
450 g Kidneybohnen (Dose)
gemahlener Koriander
gemahlener Kreuzkümmel
Pfeffer

Zubereitungszeit 25 Minuten (plus Schmor- und Garzeit)
Pro Portion ca. 625 kcal/2625 kJ
54 g E · 23 g F · 50 g KH

38

Scharfes Lamm-Picadillo

40

Für 6 Portionen
1 kg Lammschulter ohne Knochen
4 EL Pflanzenöl
1 Piri-Piri-Schote
2 Knoblauchzehen
1/2 EL Piri-Piri-Sauce
1 EL getrockneter Oregano
1/2 EL Kreuzkümmel
Salz
450 g Tomaten
60 g Rosinen
4 TL Kakaopulver
30 g grüne Oliven ohne Stein
2 EL frisch gehackter Koriander
2 EL Zitronensaft

Das Fleisch in etwa 1 cm breite Streifen schneiden. Das Öl in einem Bräter erhitzen und die Fleischstreifen darin etwa 3 Minuten anbraten. Die Piri-Piri-Schote putzen, waschen, entkernen und klein schneiden. Den Knoblauch schälen und fein hacken.
Die Piri-Piri-Schote mit dem Knoblauch, Piri-Piri-Sauce, Oregano, Kreuzkümmel und Salz unter das Fleisch rühren und eine weitere Minute mitbraten. Die Tomaten vom Stielansatz befreien, waschen und würfeln. Ebenfalls in den Bräter geben und mit der Mischung 2 Minuten schmoren.
250 ml Wasser mit den Rosinen und dem Kakaopulver hinzufügen und einmal aufkochen lassen. Die Masse abgedeckt bei geringer Temperatur etwa 20 Minuten schmoren. Danach die restlichen Zutaten unterheben. Das Lammragout mit Polenta oder in Tacos gerollt servieren.

Zubereitungszeit 30 Minuten
(plus Schmor- und Garzeit)
Pro Portion ca. 333 kcal/1399 kJ
50 g E · 10 g F · 10 g KH

Samoesas

42

Für 4 Portionen

375 g Mehl
Salz
etwas Kurkuma
1 TL Essig
2 Zwiebeln
2 Knoblauchzehen
5 Frühlingszwiebeln
4 getrocknete Piri-Piri-Schoten
1 EL Öl
500 g Lammhackfleisch
1 TL gehackter Ingwer
2 TL gehackter Koriander
1 TL Garam masala
Mehl zum Ausrollen
Öl zum Frittieren
Chutney zum Servieren

Zubereitungszeit 35 Minuten (plus Backzeit)
Pro Portion ca. 605 kcal/2541 kJ
35 g E · 19 g F · 73 g KH

Das Mehl mit 1 Msp. Salz, 1 Prise Kurkuma, 250 ml Wasser und dem Essig zu einem Teig verarbeiten und beiseite stellen.
Für die Füllung die Zwiebeln und den Knoblauch schälen und fein hacken. Die Frühlingszwiebeln putzen, waschen und in feine Ringe schneiden. Die Piri-Piri-Schoten fein hacken. Das Öl erhitzen, Zwiebeln und Knoblauch darin glasig dünsten. Das Hackfleisch dazugeben und unter ständigem Rühren anbraten. Den Ingwer mit Koriander, Garam masala, Piri-Piri-Schoten und 1 TL Salz dazufügen und braten, bis alle Flüssigkeit verdunstet ist. Anschließend abkühlen lassen.
Den Teig auf etwas Mehl dünn ausrollen und Kreise (13 cm Ø) ausstechen. Auf jeden Teigkreis etwa 2 TL Füllung geben, Teig zusammenfalten, Ränder andrücken, einschneiden und die Teigtaschen 20 Minuten ruhen lassen.
Inzwischen Öl in einer Fritteuse erhitzen. Die Teigtaschen portionsweise darin goldgelb ausbacken. Herausnehmen, auf Küchenpapier abtropfen lassen und warm oder kalt mit einem Chutney servieren.

Meeresfrüchte Diavolo

Fish vindaye

Fisch

Krabbencreme

Knoblauch-Garnelen

Frühlingsrollen mit Garnelen

46

Für 4 Portionen

3 EL klarer Honig
2 EL trockener Sherry
1 TL Chilipulver
4 Scheiben Dörrfleisch
200 g Reisnudeln
3 Frühlingszwiebeln
100 g Schlangengurke
1 Möhre
450 g gekochte Garnelen
200 g gekochte Hühnerbrust
1 Packung Reispapier
100 ml Austernsauce
1 Piri-Piri-Schote
1 Knoblauchzehe
1 EL Limonensaft
2 TL Weinessig
2 TL Reiswein, 1 TL Zucker
einige grüne Salatblätter
Minzeblätter

Zubereitungszeit 30 Minuten
(plus Marinier- und Bratzeit)
Pro Portion ca. 348 kcal/1460 kJ
48 g E · 6 g F · 24 g KH

Honig, Sherry und Chilipulver miteinander mischen und die Dörrfleischscheiben in dieser Marinade etwa 1 Stunde ziehen lassen. Anschließend die Scheiben in einer Pfanne knusprig braten und nach dem Abkühlen in schmale Streifen schneiden. Die Reisnudeln mit heißem Wasser übergießen und etwa 10 Minuten ziehen lassen, bis sie weich sind. Dann abgießen, abtropfen und abkühlen lassen. Die Frühlingszwiebeln putzen, waschen und in feine Röllchen schneiden, die Gurke waschen und in Streifen schneiden, die Möhre waschen, schälen und ebenfalls in dünne Streifen schneiden. Die Garnelen halbieren, das Hühnerfleisch in dünne Streifen schneiden. Alle diese Zutaten miteinander mischen. Die Austernsauce in eine Schüssel geben. Die Piri-Piri-Schote putzen und waschen, die Knoblauchzehe schälen, beides fein hacken. Zur Austernsauce geben, mit Limonensaft, Essig und Reiswein sowie dem Zucker mischen. Bis zum Servieren beiseite stellen. Einzelne Blätter Reispapier auf ein Handtuch legen und mit warmem Wasser einstreichen, bis sie weich und geschmeidig sind. Dann pro Reispapier etwas Füllung auf die untere Hälfte geben und leicht verteilen. Nun das Papier von unten her fest zusammenrollen, die Seitenteile zur Mitte klappen und gut andrücken. So weiter verfahren, bis die Füllung verbraucht ist. Zum Servieren werden die Frühlingsrollen mit Minzeblättern in Salatblätter gehüllt. Die Sauce zum Tunken dazureichen.

Gegrillte Piri-Piri-Garnelen

Für 4 Portionen
800 g rohe Riesengarnelen mit Schale
1 Knoblauchzehe
2 EL Öl
50 ml Piri-Piri-Sauce
Salz
Pfeffer
1/2 Bund glatte Petersilie
Holzspieße

Die Garnelen aus der Schale brechen, dabei die Schwanzflosse nicht entfernen. Das Fleisch der Länge nach aufschneiden und den schwarzen Darm entfernen.
Für die Marinade den Knoblauch schälen, klein hacken und in eine Schüssel geben. Öl mit der Piri-Piri-Sauce dazugießen und alles verrühren. Salzen und pfeffern und die Garnelen darin etwa 15 Minuten ziehen lassen. Je länger die Garnelen in der Marinade bleiben, desto schärfer werden sie.
Die Petersilie waschen und trockenschütteln, die Blätter von den Stielen zupfen.
Auf jede der marinierten Garnelen etwas Petersilie legen. Garnelen anschließend mit Holzspießen zusammenstecken.
Auf dem heißen Grill rundherum etwa 5 Minuten grillen.

Zubereitungszeit 20 Minuten
(ohne Marinierzeit, plus Grillzeit)
Pro Portion ca. 263 kcal/1103 kJ
41 g E · 10 g F · 2 g KH

Bushman's
PERI-PERI
SAUCE

Meeresfrüchte Diavolo

50

Für 4 Portionen
1 Zwiebel
4 Knoblauchzehen
4 EL Olivenöl
450 g geschälte Tomaten (Dose)
4 getrocknete Piri-Piri-Schoten
1 TL getrockneter Oregano
Salz, Pfeffer
250 g küchenfertige Tintenfische
250 g Hummerfleisch
12 Venusmuscheln
500 g Miesmuscheln

Zubereitungszeit 30 Minuten (plus Schmor- und Garzeit)
Pro Portion ca. 488 kcal/2048 kJ
69 g E · 11 g F · 28 g KH

Die Zwiebel und den Knoblauch schälen und fein hacken. 2 EL Öl in einer Pfanne erhitzen und die Zwiebel mit dem Knoblauch darin andünsten. Die Tomaten, gehackte Piri-Piri-Schoten und Oregano dazugeben und mit Salz und Pfeffer würzen. Die Mischung etwa 20 Minuten köcheln, dann pürieren und beiseite stellen. Die Tintenfische putzen und klein schneiden. Das Hummerfleisch ebenfalls klein schneiden. Die Venusmuscheln gründlich waschen, die Miesmuscheln gut abbürsten. Geöffnete Muscheln wegwerfen.

Das restliche Öl in einer zweiten Pfanne erhitzen und die Tintenfische darin unter Rühren etwa 2 Minuten schmoren. Dann das Hummerfleisch und die Venusmuscheln zugeben und weitere 8 Minuten schmoren, gelegentlich umrühren.

Die Miesmuscheln in etwas kochendem Wasser 4 Minuten garen, bis die Schalen geöffnet sind. Dann herausnehmen, noch geschlossene Muscheln wegwerfen. Die Meeresfrüchte auf Tellern anrichten. Die Sauce mit etwas Muschelsud aufkochen und sämig werden lassen. Mit Salz und Pfeffer abschmecken. Dazu Brot reichen.

Heilbutt mit Kokos-Chili-Sauce

52

Für 4 Portionen
2 EL Erdnussöl
3 EL Piri-Piri-Sauce
750 ml Kokosmilch
Salz
125 g Mehl
2 Eier
1 Msp. Cayennepfeffer
230 g fein gehackte Macadamianüsse
4 Heilbuttfilets (à 125 g)
60 g Butter
2 EL frisch gehackter Koriander

Zubereitungszeit 30 Minuten
(plus Koch- und Backzeit)
Pro Portion ca. 845 kcal/3549 kJ
37 g E · 64 g F · 32 g KH

Das Öl in einem Topf erhitzen und die Piri-Piri-Sauce darin unter Rühren etwa 1 Minute erwärmen, bis sie sich aufgelöst hat. Die Kokosmilch hinzufügen und aufkochen. Die Sauce bei geringer Temperatur etwa 20 Minuten um die Hälfte einkochen lassen. Das Öl abschöpfen und die Sauce mit Salz abschmecken. Warm halten.

Den Backofen auf 200 °C (Umluft 180 °C) vorheizen. Das Mehl auf einen Teller geben, die Eier verquirlen, würzen und auf einen zweiten Teller geben. Die Nüsse auf einen dritten Teller verteilen. Die Fischfilets entgräten, dann zuerst im Mehl wenden, abklopfen, durch die Eier ziehen und zuletzt in den Nüssen wälzen, bis sie vollständig damit bedeckt sind. Die Butter in einem Topf schmelzen.

Die Fischfilets auf ein gefettetes Backblech legen, die Butter darübergeben und 12 bis 14 Minuten im Ofen backen.

Die Heilbuttfilets mit der Kokos-Piri-Piri-Sauce servieren. Mit Koriander bestreuen. Nach Geschmack ein süßes Chutney dazureichen.

Pikante Matjes-Häppchen

Für 4 Portionen

4 leicht gesalzene Matjesfilets
1/4 gelbe Paprikaschote
1 Schalotte
1 EL Natur-Joghurt
2 EL saure Sahne
1 EL Piri-Piri-Sauce
1–2 TL Zitronensaft
Salz, Pfeffer, Zucker
1/2 Kästchen Kresse
2 EL Butter
4 Scheiben Weißbrot

Die Matjesfilets kurz waschen, abtrocknen und in mundgerechte Stücke schneiden. Die Paprikaschote in feine Würfel schneiden. Die Schalotte schälen und in feine Ringe hobeln. Paprikawürfel und Schalottenringe mit dem Joghurt, der sauren Sahne und der Piri-Piri-Sauce vermischen. Sauce mit Zitronensaft, Salz, Pfeffer und Zucker pikant abschmecken. Die Kresse waschen und trockenschütteln. Die Butter in einer Pfanne aufschäumen lassen und das Weißbrot darin von beiden Seiten goldbraun braten; herausnehmen und abkühlen lassen. Weißbrot diagonal in Dreiecke schneiden und mit etwas Sauce bestreichen. Matjesstücke darauf anrichten und die restliche Sauce darauf verteilen. Mit der Kresse garnieren und servieren.

Zubereitungszeit 15 Minuten
(plus Bratzeit)
Pro Portion ca. 360 kcal/1512 kJ
22 g E · 26 g F · 10 g KH

Knoblauch-Garnelen

Für 4 Portionen
5 Knoblauchzehen
1/2 Bund Petersilie
24 große, geschälte Garnelen
3 EL Olivenöl
1 getrocknete Piri-Piri-Schote
100 ml Gemüsebrühe
Holzspießchen

Zubereitungszeit 10 Minuten (plus Garzeit)
Pro Portion ca. 695 kcal/2919 kJ
122 g E · 20 g F · 6 g KH

Den Backofen auf 200 °C (Umluft 180 °C) vorheizen. Knoblauch schälen und fein hacken. Petersilie waschen, trockenschütteln und fein hacken. Garnelen waschen und abtropfen lassen, eventuell vorher entdarmen.
Das Öl erhitzen und den Knoblauch darin anbraten. Die Piri-Piri-Schote zerreiben und zufügen. Petersilie 2 Minuten unter Rühren mitbraten.
Garnelen zugeben und die Gemüsebrühe angießen. Im Backofen etwa 15 Minuten garen lassen. In jede Garnele ein Holzspießchen stecken und Garnelen in dem Sud servieren. Dazu passt Weißbrot.

12% vol.

Fish vindaye

Für 4 Portionen
1 kg Hechtfilet
1/2 TL Kurkuma
Salz
1 Stück frische Ingwerwurzel, ca. 5 cm
5 Knoblauchzehen
1–2 getrocknete Piri-Piris
3 TL Senf
Saft von 1 Zitrone
3–4 EL Öl
8 Zwiebeln
3 grüne Chilis

Zubereitungszeit 30 Minuten (plus Garzeit)
Pro Portion ca. 283 kcal/1187 kJ
50 g E · 7 g F · 6 g KH

Den Fisch in mundgerechte Würfel schneiden, anschließend mit Kurkuma und Salz einreiben.
Den Ingwer schälen und fein reiben.
Den Knoblauch ebenfalls schälen und klein gehackt mit dem Ingwer vermischen.
Die getrockneten Piri-Piris zerreiben und mit dem Senf vermischen. Den Zitronensaft langsam unterrühren und alles mit etwas Wasser zu einer Paste verrühren.
Das Öl in einer Pfanne erhitzen und den Fisch darin auf beiden Seiten goldbraun braten. Herausnehmen und beiseite stellen.
Die Zwiebeln schälen, vierteln und im Bratfett leicht anbraten. Die Ingwerpaste dazugeben und damit vermischen. Alles etwa 1 Minute dünsten lassen. Die Hitze reduzieren und den Fisch wieder zurück in die Pfanne geben.
Die grünen Chilis putzen, waschen und halbieren, anschließend den Stielansatz entfernen, entkernen und zum Fisch dazugeben. Chilis etwa 3 Minuten mitgaren lassen und servieren.

58

Krabbencreme

Für 4 Portionen
350 g gekochtes Krabbenfleisch
2 EL Mehl
1 Zwiebel
2 große Tomaten
50 ml Weißwein
2 EL Olivenöl
Pfeffer
Salz
Piri-Piri-Sauce

Zubereitungszeit 25 Minuten (plus Kochzeit)
Pro Portion ca. 132 kcal/554 kJ
17 g E · 3 g F · 4 g KH

Das Krabbenfleisch pürieren. Das Mehl in einer Pfanne ohne Fett und unter Rühren anrösten. Pfanne vom Herd nehmen und beiseite stellen.
Die Zwiebel schälen und fein hacken, die Tomaten waschen, vom Stielansatz befreien und in kleine Stücke schneiden.
Das Olivenöl in einen Topf geben und erhitzen. Das geröstete Mehl hinzufügen und unter das Öl rühren.
Zwiebeln, Tomaten, Krabbenpüree und Weißwein in den Topf geben und alles gut miteinander verrühren. Die Krabbencreme mit Salz, Pfeffer und Piri-Piri-Sauce abschmecken. Die Creme etwas einkochen lassen. Mit Brot servieren.

Kartoffeln mit Tomaten

Frühlingssalat

Gemüse

Bohnen-Pilz-Curry

Linsenpüree

Polenta

Für 4 Portionen
500 g Auberginen
Salz
250 ml Milch
125 ml Olivenöl
4 EL frisch gehacktes Basilikum
100 g Mozzarella in Scheiben
75 g rote Paprikawürfel
75 g Gurkenwürfel
1 TL frisch gehackter Oregano

Für die Polenta:
125 g Polenta (Maisgrieß)
500 ml Milch
1 Knoblauchzehe
2 TL frisch geriebener Parmesan
4 Eigelb

Für die Tomatensalsa:
1 Zwiebel, 4 EL Olivenöl
2 EL Currypulver
1 EL Piri-Piri-Sauce
500 g eingeweichte getrocknete Tomaten
250 g brauner Zucker
200 ml Rotweinessig
Salz, Pfeffer

Zubereitungszeit ca. 40 Minuten (plus Zeit zum Kochen, Ziehen, Weichen, Braten und Backen)
Pro Portion ca. 802 kcal/3368 kJ
20 g E · 40 g F · 86 g KH

Für die Polenta Maisgrieß mit Milch und gehacktem Knoblauch in einem Topf aufkochen und etwa 10 Minuten unter Rühren köcheln. Käse unterrühren und die Masse 10 Minuten abkühlen lassen.
Eigelbe verquirlen, unterheben. Polenta etwa 1 cm dick auf ein gefettetes Backblech streichen und abkühlen lassen.
Für die Tomatensalsa Zwiebel schälen, hacken und im heißen Öl glasig dünsten. Gewürze hinzufügen und mitdünsten.
Die abgetropften und gehackten Tomaten sowie Zucker und Essig zufügen und alles zu einem dicken Brei kochen. Mit Salz und Pfeffer abschmecken.
Auberginen waschen, putzen und in 1 cm dicke Scheiben schneiden. Mit Salz einreiben und etwa 30 Minuten ziehen lassen, dann abspülen und 10 Minuten in Milch einweichen. Auberginenscheiben trocken tupfen und in 6 EL heißem Olivenöl von beiden Seiten braten. Backofen auf 180 °C (Umluft 160 °C) vorheizen. Die Polenta in Kreise von der Größe der Auberginenscheiben schneiden. Jeweils eine Polentascheibe auf ein Backblech setzen, 1 EL Tomatensalsa darübergeben und eine Auberginenscheibe darauflegen. Mit gehacktem Basilikum bestreuen. Darauf eine Scheibe Mozzarella legen, mit etwas Tomatensalsa abschließen. Im Ofen backen, bis der Käse geschmolzen ist. Gemüsewürfel im restlichen Öl andünsten, mit Oregano bestreuen und dazu servieren.

Linsenpüree

Für 4 Portionen
300 g Linsen
1/2 TL Kurkuma
2 getrocknete Piri-Piri-Schoten
1 1/2 cm frischer Ingwer
2 Knoblauchzehen
1 Zwiebel
1 EL Butterschmalz
1 Tomate
1 TL Currypulver
1 EL Schmand
frisch gehackter Koriander

Zubereitungszeit 50 Minuten
(plus Gar- und Schmorzeit)
Pro Portion ca. 185 kcal/777 kJ
11 g E · 5 g F · 24 g KH

Die Linsen abspülen und in einem Sieb abtropfen lassen. In einem Topf 500 ml Wasser mit Salz, Kurkuma, den getrockneten Piri-Piris und den Linsen zum Kochen bringen. Bei geringer Temperatur etwa 12 Minuten köcheln. Entstehenden Schaum und oben schwimmende Linsenpartikel abschöpfen.
Ingwer, Knoblauch und Zwiebel schälen und fein hacken. Das Butterschmalz in einer Pfanne erhitzen und Ingwer, Knoblauch und Zwiebel darin etwa 3 Minuten andünsten.
Die Tomate waschen, vom Stielansatz befreien und würfeln. Tomatenwürfel in die Pfanne geben, Curry unterrühren und die Mischung etwa 3 Minuten schmoren.
Das überschüssige Wasser von den Linsen abgießen, dann die Pfannenmischung unterrühren. Mit Salz abschmecken und weitere 2 Minuten köcheln. Den Schmand hinzufügen und das Linsenpüree mit Koriander bestreut servieren.

Bohnensalat

Für 4 Portionen
500 g grüne Bohnen
Salz
200 g gebratenes Hühnchenbrustfilet
2 Schalotten
2 Knoblauchzehen
1 Piri-Piri-Schote
2 EL Sesamöl
50 g Sesamkörner
3 EL Austernsauce
3 EL Zitronensaft
1 TL Zucker
6 EL Kokosmilch

Zubereitungszeit 30 Minuten
Pro Portion ca. 173 kcal/728 kJ
18 g E · 8 g F · 8 g KH

Die Bohnen putzen, an beiden Enden etwa 1 cm kürzen, waschen und in kochendem Salzwasser etwa 2 Minuten blanchieren. Dann abgießen, abschrecken und quer in Stücke schneiden.
Das Hühnchenbrustfilet in Streifen schneiden. Schalotten und Knoblauch schälen und in feine Würfel schneiden. Die Piri-Piri-Schote putzen, waschen, entkernen und in dünne Ringe schneiden. Das Öl in einer Pfanne erhitzen und Schalotten sowie Knoblauch darin 2–3 Minuten andünsten. Dann aus der Pfanne nehmen und abkühlen lassen. Die Sesamkörner im Restfett rösten, bis sie duften.
Alle Zutaten in eine Schüssel geben und gut miteinander mischen. Pikant abschmecken.

Bohnen-Pilz-Curry

70

Für 4 Portionen
500 g Champignons
3 Möhren
3 Piri-Piri-Schoten
3 Zwiebeln
2 Knoblauchzehen
3 EL Öl
1 Prise Kardamom
Pfeffer
1 TL Kreuzkümmel
3 EL Tomatenmark
750 g grüne Bohnen
Salz
125 g Joghurt
125 g geschälte Nüsse

Zubereitungszeit 25 Minuten (plus Garzeit)
Pro Portion ca. 310 kcal/1302 kJ
18 g E · 19 g F · 16 g KH

Die Pilze putzen, sauber bürsten und vierteln. Die Möhren putzen, schälen und grob reiben.
Die Piri-Piri-Schoten putzen, waschen und halbieren. Den Stielansatz und die Kerne entfernen, anschließend die Schoten fein hacken.
Die Zwiebeln und den Knoblauch schälen. Die Zwiebeln fein würfeln, den Knoblauch hacken. Das Öl in einer Pfanne erhitzen, Zwiebeln, Knoblauch, Piri-Piri-Schoten, Kardamom, 1 Prise Pfeffer und Kreuzkümmel darin andünsten. Die Pilze mit den Möhren, Tomatenmark und etwa 125 ml Wasser dazugeben. Die Bohnen putzen, waschen, entfädeln und ebenfalls dazugeben. Alles etwa 18 Minuten zugedeckt köcheln lassen. Mit Salz und Pfeffer abschmecken. Die Pfanne vom Herd nehmen und den Joghurt unterheben. Alles 5 Minuten ziehen lassen. Mit Nüssen bestreut servieren.

Dattelsalat mit Zwiebeln und Chili

Für 4 Portionen
500 g frische Datteln
2 Zwiebeln
Salz
2 getrocknete Piri-Piri-Schoten
150 ml Balsamessig
2 TL Zucker
Alfalfasprossen zum Servieren

Zubereitungszeit 20 Minuten (plus Zeit zum Ziehen)
Pro Portion ca. 375 kcal/1575 kJ
3 g E · 1 g F · 86 g KH

Die Datteln putzen, vierteln und entkernen. Die Zwiebeln schälen und in dünne Ringe schneiden. In einem Topf Wasser zum Kochen bringen, salzen und die Zwiebeln darin 1 Minute aufkochen.
Anschließend abgießen, abschrecken und auf Küchenpapier gut abtropfen lassen.
Die Dattelviertel und die Zwiebelringe in eine Salatschüssel schichten, die fein zerriebenen Piri-Piri-Schoten dazwischenstreuen.
Den Essig nur leicht erwärmen, den Zucker darin auflösen und alles über den Salat gießen.
Datteln vor dem Servieren gut durchziehen lassen und auf einem Salatbett aus Alfalfasprossen servieren.

Frühlingssalat

Für 4 Portionen
450 g grüner Spargel
220 g Zuckererbsen
Salz
400 g Mesclun (Salatmischung aus Blattsalaten)
4 Tomaten
1 hart gekochtes Ei
1/2 Zwiebel
1 Piri-Piri-Schote
1/2 grüne Paprikaschote
6 EL Mayonnaise
1/2 TL Worcestersauce
1 EL Chilisauce
1/2 TL frisch geriebener Meerrettich
1/2 TL Senfpulver
2 EL frische Schnittlauchröllchen

Den Spargel putzen, die holzigen Enden abschneiden, das untere Drittel schälen und den Spargel in Stücke schneiden.
Die Zuckererbsen waschen. In einem Topf Wasser mit etwas Salz zum Kochen bringen und die Spargelstücke mit den Zuckererbsen darin etwa 5 Minuten blanchieren. Abgießen und abtropfen lassen. Die Salate waschen und trockenschleudern. Die Tomaten waschen, von den Stielansätzen befreien und achteln. Alle Salatzutaten in eine Schüssel geben.
Das Ei pellen, die Zwiebel schälen, die Piri-Piri-Schote und die Paprika putzen, waschen und entkernen. Ei, Paprika, Zwiebel und Piri-Piri-Schote klein schneiden und mit den restlichen Zutaten im Mixer pürieren. Über den Salat gießen und mit Schnittlauch bestreut servieren.

Zubereitungszeit 20 Minuten
(plus Zeit zum Blanchieren)
Pro Portion ca. 231 kcal/971 kJ
10 g E · 15 g F · 14 g KH

Kartoffeln mit Tomaten

Für 4 Portionen
500 g Kartoffeln
500 g Tomaten
2 EL Piri-Piri-Sauce
1 Bund Petersilie
1 Knoblauchzehe
5 EL Olivenöl
Zitronensaft
Salz
Cayennepfeffer

Zubereitungszeit 30 Minuten
(plus Gar- und Backzeit)
Pro Portion ca. 142 kcal/596 kJ
4 g E · 3 g F · 23 g KH

Die Kartoffeln waschen und mit Schale in wenig gesalzenem Wasser etwa 15 Minuten garen. Dann abgießen und ausdampfen lassen. Kartoffeln pellen und in Scheiben schneiden.
Die Tomaten mit kochendem Wasser übergießen, von Stielansatz, Häuten und Kernen befreien und in Scheiben schneiden.
Die Petersilie waschen, trockenschütteln und hacken. Den Knoblauch schälen und hacken. Den Backofen auf 200 °C (Umluft 180 °C) vorheizen.
Eine feuerfeste Auflaufform einfetten und mit den Kartoffelscheiben auslegen. Mit Piri-Piri-Sauce bestreichen. Petersilie, Knoblauch, 3 EL Olivenöl und etwas Zitronensaft mischen und zur Hälfte über die Kartoffelscheiben gießen.
Die Tomatenscheiben über die Kartoffeln schichten und die restliche Öl-Mischung darübergeben. Mit restlichem Öl beträufeln und mit Salz und Cayennepfeffer würzen. Den Auflauf im Ofen etwa 40 Minuten backen.

Arzneipaprika

Pockholz

Kermesbeere

Register